Henne
แม่ไก่
mae kai

Hahn
ไก่ตัวผู้
kaituaphu

Küken
ลูกไก่
lukkai

Entenküken
ลูกเป็ด
luk pet

Truthahn

ไก่งวง

kainguang

Esel

ลา

la

Schwan

หงส์

hong

Frosch

กบ

kop

Waschbär

แรคคูน

rae

Bär

หมี

mi

Eichhörnchen

กระรอก

krarok

Fliege

แมลงวัน

malaengwan

Marienkäfer

แมลงเต่าทอง

malaengtaothong

Wurm

หนอน

non

Schnecke

หอยทาก

hoithak

Nacktschnecke

ทาก

thak

Biene

ผึ้ง

phueng

Spinne

แมงมุม

maengmum

Käfer

ด้วง

duang

Libelle

แมลงปอ

malaengpo

Löwe

สิงโต

singto

Zebra

ม้าลาย

malai

Giraffe

ยีราฟ

yirap

Nashorn

แรด

raet

Schlange

งู

ngu

Mücke

ยุง

yung

meeresschildkröte

เต่าทะเล

taothale

Nilpferd

ฮิปโปโปเตมัส

hippopotemat

alligator

จระเข้

chorakhe

Krokodil

จระเข้

chorakhe

Hai

ปลาฉลาม

plachalam

Walross

วอลรัส

wonrat

Pinguin

เพนกวิน

phenkawin

Eisbär

หมีขั้วโลก

mikhualok

Robbe

แมวน้ำ

maeonam

Seestern
ปลาดาว

pladao

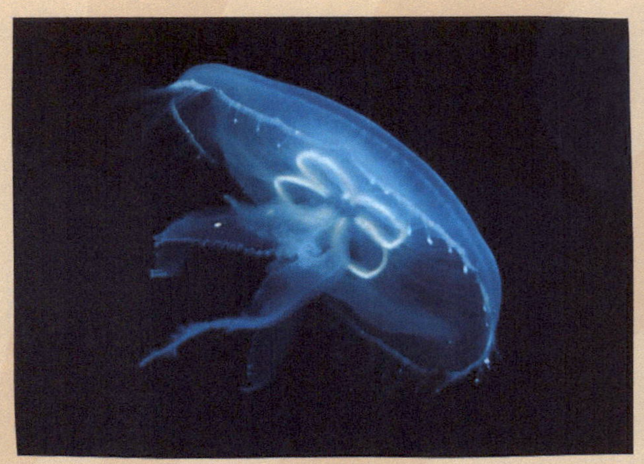

Qualle
แมงกะพรุน

maengkaphrun

Muscheln
เปลือกหอย

plueakhoi

Feder
ขนนก

khon nok

11

elf

สิบเอ็ด

sip et

12

zwölf

สิบสอง

sip song

13

dreizehn

สิบสาม

sip sam

14

Vierzehn

สิบสี่

sip si

15

fünfzehn

สิบห้า

sip ha

16

sechzehn

สิบหก

sip hok

17

siebzehn

สิบเจ็ด

sip chet

18

achtzehn

สิบแปด

sip paet

19

neunzehn

สิบเก้า

sip kao

20

zwanzig

ยีสิบ

yi sip

Herz
หัวใจ
huachai

oval
วงรี
wongri

Pfeil
ลูกศร
lukson

Halbmond
เสี้ยว
siao

Kurve
เส้นโค้ง
senkhong

Spirale
เกลียว
kliao

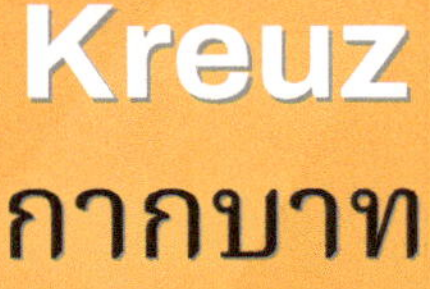

Kreuz
กากบาท
kakabat

Zickzack
ซิกแซก
siksaek

Regenbogen

รุ้ง

rung

dunkle Farben

สีเข้ม

si khem

helle Farben

สีอ่อน

si-on

Punkte
จุด
chut

Linie
เส้น
sen

klein
เตี้ย
tia

groß
สูง
sung

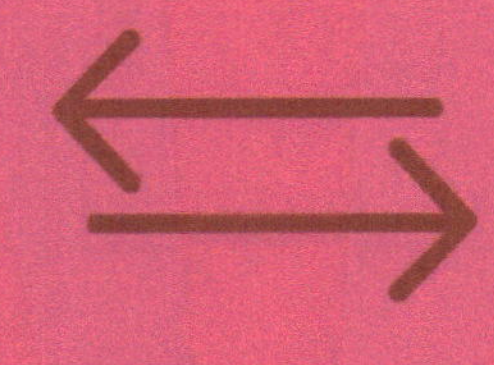

ein wenig
นิดหน่อย

nitnoi

viel
มาก

mak

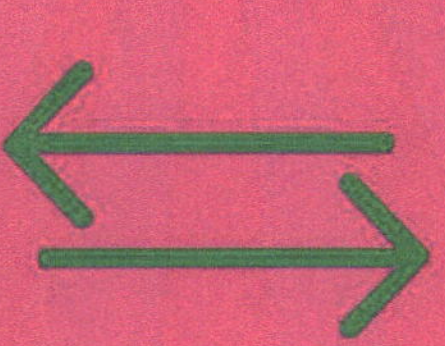

voll
เต็ม

tem

leer
ว่างเปล่า

wangplao

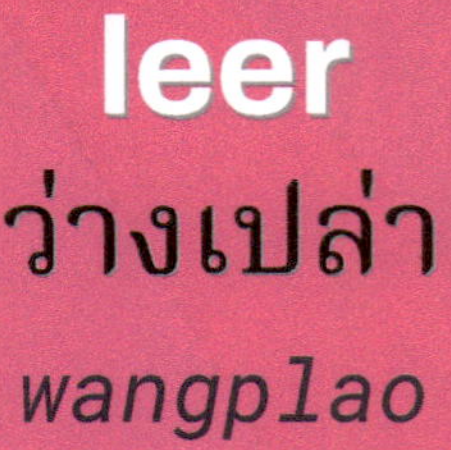

lockiges Haar
ผมหยิก

phomyik

glattes Haar
ผมตรง

phom trong

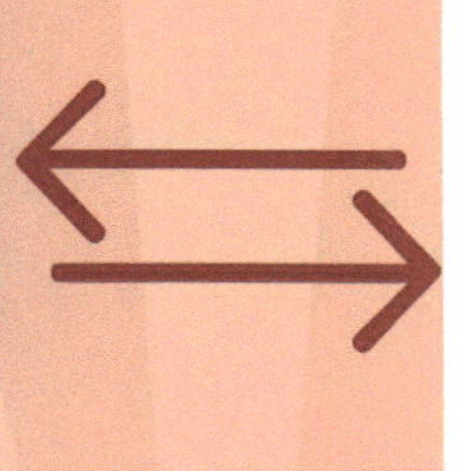

akzeptieren
ยอมรับ

yomrap

verweigern
ปฏิเสธ

patiset

identisch
เหมือนกัน
mueankan

unterschiedlich
ต่าง
tang

trocken
แห้ง
haeng

nass
เปียก
piak

Spielzeuge
ของเล่น

khonglen

Blöcke
บล็อก

blok

Ball
ลูกบอล

lukbon

Roboter
หุ่นยนต์

hunyon

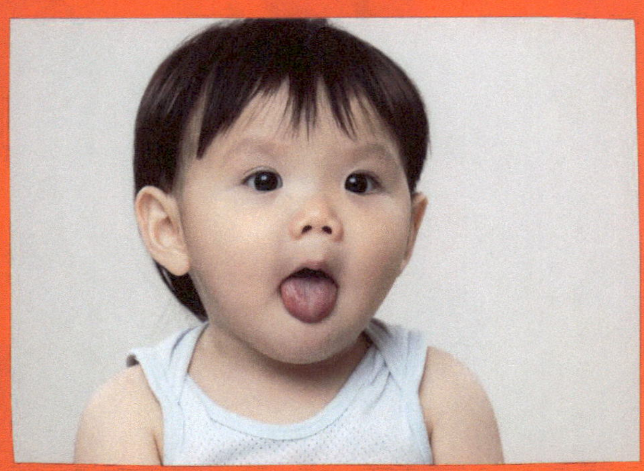

Zunge

ลิ้น

lin

Nase

จมูก

chamuk

Haare

ผม

phom

Schnurrbart

หนวด

nuat

Finger
นิ้ว
nio

Arm
แขน
khaen

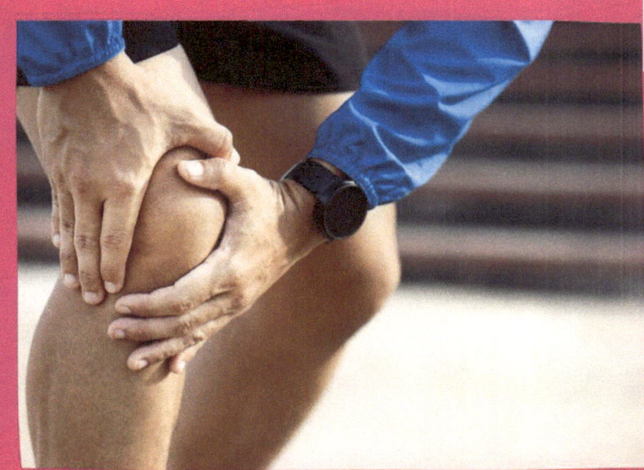

Knie
เข่า
khao

Ellbogen
ข้อศอก
khosok

lächeln
ยิ้ม
yim

küssen
จูบ
chup

weinen
ร้องไห้
ronghai

Schmerz
ความเจ็บปวด
khwamcheppuat

Körper

ร่างกาย

rangkai

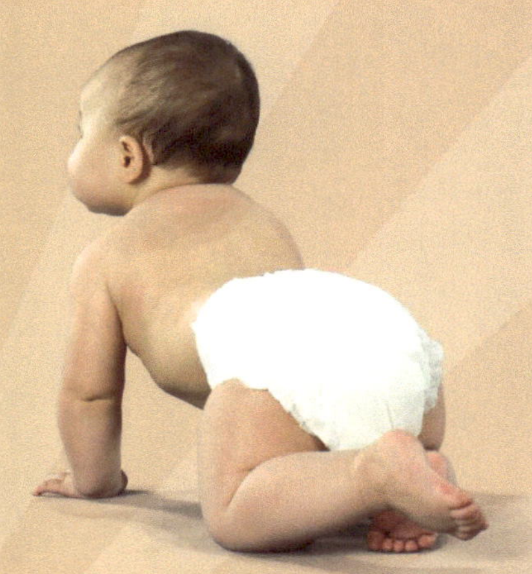

Rücken

หลัง

lang

Schnuller

จุกนม

chuk nom

Hochstuhl

เก้าอี๊สูง

kao-isung

Seife
สบู่

sabu

Zahnbürste
แปรงสีฟัน

praengsifan

Handtuch
ผ้าขนหนู

phakhonnu

Töpfchen
กระโถน

krathon

Ring
แหวน

waen

Armband
กำไลข้อมือ

kamlaikhomue

Halskette
สร้อยคอ

soikho

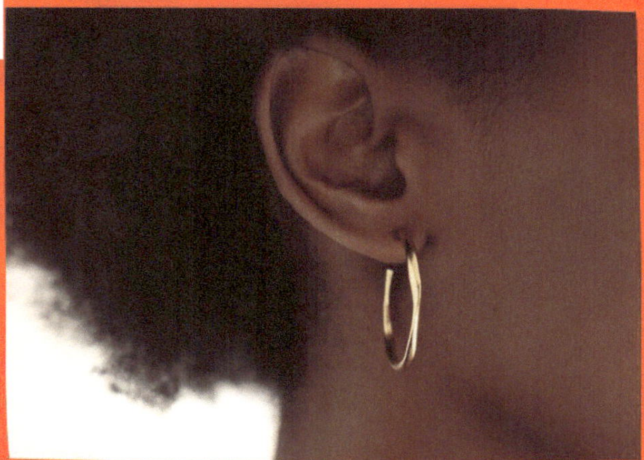

Ohrring
ต่างหู

tanghu

Schokolade
ช็อกโกแลต

chokkolaet

Popcorn
ป๊อปคอร์น

pop khon

Marmelade
แยม

yaem

Toast
ขนมปังปิ้ง

khanompangping

Honig

น้ำผึ้ง

namphueng

Butter

เนย

noei

Brot

ขนมปัง

khanompang

Eis

ไอศกรีม

aisakrim

Grieß
แป้งเซมะลี

paeng se ma li

Reis
ข้าว

khao

Pasta
พาสต้า

phatta

Suppe
ซุป

sup

Milch

นม

nom

Wasser

น้ำ

nam

Saft

น้ำผลไม้

namphonlamai

Kiwi
กีวี
kiwi

Himbeere
ราสเบอร์รี
ra saboe ri

Grapefruit
ส้มโอ
som-o

Melone
เมลอน
me lon

Pflaume
พลัม

phlam

Aprikose
แอปริคอท

ae pari khot

Granatapfel
ทับทิม

thapthim

Feige
มะเดื่อ

maduea

Heidelbeere

บลูเบอร์รี

blu boe ri

Preiselbeere

แครนเบอร์รี

khrae ri

Kaki

ลูกพลับ

luk phlap

Litschi

ลิ้นจี่

linchi

Früchte
ผลไม้

phonlamai

Gemüse
ผัก

phak

Avocado
อะโวคาโด

awokhado

grüne Bohne
ถั่วฝักยาว

thuafakyao

Brokkoli
บร็อคโคลี

brok kho li

Aubergine
มะเขือ

makhuea

Erbsen
ถั่ว

thua

Paprika
พริกหวาน

phrik wan

Rote Beete

บีทรูท

bi tharut

Salat

ผักกาด

phakkat

Endivie

เอนไดฟ์

en dai

Artischocke

อาร์ติโชค

a ti chok

Lauch

กระเทียมต้น

krathiamton

Zwiebel

หัวหอม

huahom

Knoblauch

กระเทียม

krathiam

Ingwer

ขิง

khing

Walnüsse

วอลนัท

wonnat

Mandel

อัลมอนด์

anmon

Pistazie

ถั่วพิสตาชิโอ

thua phitsa ta chi o

Cashew

เม็ดมะม่วงหิมพานต์

metmamuanghimmaphan